¿QUIÉN GANARÁ?

TYRANNOSAURUS REX

VS.

VELOCIRAPTOR

JERRY PALLOTTA
ILUSTRADO POR
ROB BOLSTER

Scholastic Inc.

Por la gentil autorización de utilizar sus
fotografías en este libro, la editorial agradece a:

Página 8: © Peter Larson / Corbis, Black Hills Institute of Geological Research, Inc., Hill City,
South Dakota; página 9: © Louie Psihoyos / Corbis; página 10 © Ethan Miller / Getty Images;
página 11: © Thierry Hubin, cortesía de Royal Belgian Institute of Natural Science Museum,
Brussels; página 12: © Louie Psihoyos / Science Faction; página 13: © Barbara Strnadova / Photo
Researchers, Inc.

Nota del autor:
T. rex y velociraptor vivieron millones de años aparte y en diferentes
continentes. ¿Pero qué habría pasado si se hubieran encontrado?

A T. rex Nancy y T. rex Alex y a sus pequeños velociraptors
Brittany, Meaghan, Nick y Tim.

—J.P.

A mi Tyrannoniño rex: William.

—R.B.

Originally published in English as *Who Would Win? Tyrannosaurus rex vs. Velociraptor*

Translated by Eida de la Vega

ISBN 978-1-338-11989-3

10 9 8 7 6 5 4   19 20 21

Printed in the U.S.A.   40
First Spanish printing 2017

Retrocedamos millones de años.

¿Qué pasaría si un Tyrannosaurus rex se encontrara con un velociraptor? ¿Qué pasaría si los dos estuvieran hambrientos? ¿Qué pasaría si pelearan? ¿Quién crees que ganaría?

PTEROSAURIOS

Hace millones de años en la Tierra vivían tres tipos de criaturas enormes. Los pterosaurios volaban por el cielo.

¿SABÍAS ESTO?
Pterosaurio significa "lagarto alado".

PLESIOSAURIOS

DATO
Plesiosaurio significa "parecido a un lagarto".

Los plesiosaurios nadaban en el océano.

RECUERDA
También había otros tipos de reptiles oceánicos: mosasaurios, ictiosaurios, pliosaurios y notosaurios.

4

DINOSAURIOS

Los dinosaurios caminaban sobre la tierra.

DEFINICIÓN
Dinosaurio significa "lagarto aterrador".

Algunos dinosaurios caminaban en dos patas, mientras que otros caminaban en cuatro patas.

Hoy en día, los pterosaurios, los plesiosaurios y los dinosaurios están extintos, lo que significa que todos murieron.

NOMBRE CIENTÍFICO:
**Tyrannosaurus rex significa "lagarto tirano rey".
Para abreviar, lo llamaremos T. rex.**

Este es el Tyrannosaurus rex. Tiene una cabeza enorme, dientes afilados, grandes patas traseras y diminutas patas delanteras. ¡De solo mirarlo da miedo! Nadie sabe de qué color era. ¿Qué crees tú?

DATO CURIOSO
Los lagartos actuales son de muchos colores. ¡Algunos hasta cambian de color! El Tyrannosaurus rex podría haber sido de casi cualquier color.

PREGUNTA
¿Era de un rosado brillante? ¡Probablemente no!

¿Y SI?
Tal vez era verde, como las iguanas.

NOMBRE CIENTÍFICO:
Velociraptor significa "ladrón veloz".
Lo llamaremos raptor.

Este es el velociraptor. Los paleontólogos piensan que lucía así. Parece que estaba hecho para la velocidad y el ataque rápido.

DATO CURIOSO

Los paleontólogos estudian la vida prehistórica.

DATO INTERESANTE

Prehistórica significa "antes de la historia registrada".

El T. rex fue descubierto en tiempos modernos por gente que encontró sus fósiles. Aquí hay una foto de una excavación donde se halló un T. rex.

DEFINICIÓN
Un fósil son los restos conservados de un animal o una planta muertos.

DATO CURIOSO
Al esqueleto de T. rex más grande y más completo lo llamaron Sue, por su descubridora, Sue Hendrickson, una paleontóloga.

Los raptores se descubrieron de la misma manera. Los geólogos y los paleontólogos encontraron sus huesos fosilizados.

¿SABÍAS ESTO?
Los geólogos estudian las rocas para conocer la historia de la Tierra.

DATO EXTRA
Una nueva generación de cazadores de dinosaurios ha estado buscando ADN de dinosaurio.

Este fósil de raptor se halló junto a un protoceratops con el que luchaba. Ambos murieron en el combate.

Este es un esqueleto completo de T. rex. Cuando los científicos armaron sus huesos fosilizados, se dieron cuenta de que el T. rex caminaba en dos patas.

DATO INTERESANTE

Nunca se ha descubierto un esqueleto de T. rex recién nacido. Quizás seas tú quien lo descubra.

¿SABÍAS ESTO?
Las huellas de T. rex fosilizadas no muestran marcas de la cola. Eso indica que el T. rex no arrastraba la cola al caminar o al correr.

Este es el esqueleto completo de un raptor. Sus huesos fosilizados parecen más delgados y movibles que los del T. rex.

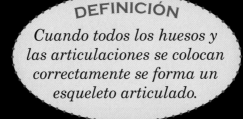

DEFINICIÓN

Cuando todos los huesos y las articulaciones se colocan correctamente se forma un esqueleto articulado.

DATO CURIOSO

Algunos paleontólogos piensan que el velociraptor tenía plumas en el cuerpo.

DATOS DEL RAPTOR

El velociraptor es miembro de una familia de dinosaurios llamados dromaeosáuridos. Dromaeosáurido significa "lagarto rápido".

El T. rex tenía una mandíbula enorme con más de cincuenta dientes. Sus dientes no estaban diseñados para comer vegetales. Tenía dientes de carnívoro, afilados como cuchillos.

¿SABÍAS ESTO?
Los carnívoros comen carne. Los herbívoros comen plantas.

CURIOSIDADES
La primera vez que se descubrieron huesos de dinosaurios fue en China y la gente pensaba que eran antiguos huesos de dragón.

El T. rex tenía el cerebro pequeño. ¿En qué pensaría?

El raptor también tenía un montón de dientes afilados. Eso significa que también era carnívoro.

PREGUNTA

¿Querrías ser el dentista de este dinosaurio?

RECUERDA

Proporcionalmente, un raptor tiene un cerebro más grande que el de un T. rex.

Los dientes de un raptor apuntan hacia dentro para atrapar a su presa.

Algunos científicos piensan que el T. rex era un cazador temible. Tenía el tamaño, los dientes y el cuerpo de un superdepredador. Es difícil creer que otro animal quisiera retar al T. rex.

Otros científicos piensan que el T. rex no era agresivo, sino que comía carroña. En lugar de cazar, merodeaba en busca de animales muertos.

El raptor era un depredador que probablemente cazaba y comía animales pequeños. Es probable que cazara en manadas. Se piensa que cazaba emboscando a su presa.

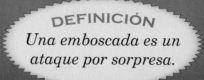

DEFINICIÓN
Una emboscada es un ataque por sorpresa.

¿QUÉ CREES?

Un grupo de raptores: ¿Los debemos llamar una tropa, un hatajo, una manada, un rebaño, un hato, una piara, una jauría, una bandada, una caterva u otra cosa?

EL PIE DEL T. REX

¡Bum! ¡Bum! ¡Bum! Así sonaban las pisadas de un T. rex.
El suelo se estremecía alertando a los animales que se
hallaban cerca. ¡Bum! ¡Bum! ¡Bum!

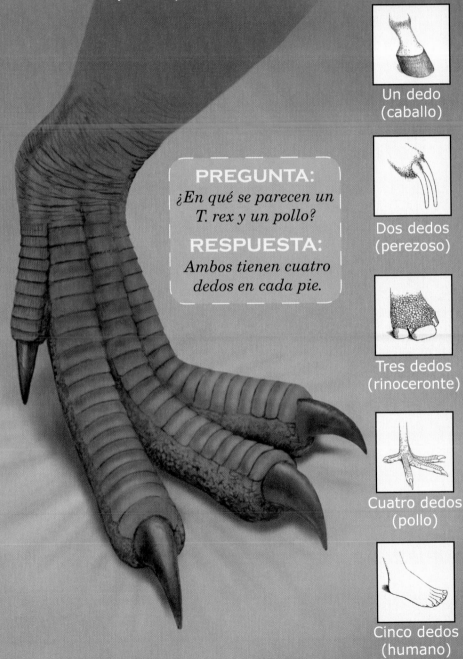

PREGUNTA:
*¿En qué se parecen un
T. rex y un pollo?*

RESPUESTA:
*Ambos tienen cuatro
dedos en cada pie.*

Un dedo
(caballo)

Dos dedos
(perezoso)

Tres dedos
(rinoceronte)

Cuatro dedos
(pollo)

Cinco dedos
(humano)

EL PIE DEL RAPTOR

Los paleontólogos piensan que el raptor era taimado y silencioso al caminar. Probablemente iba de puntillas antes de atacar. Difiere de otros dinosaurios por la garra en forma de hoz que tenía en cada pie.

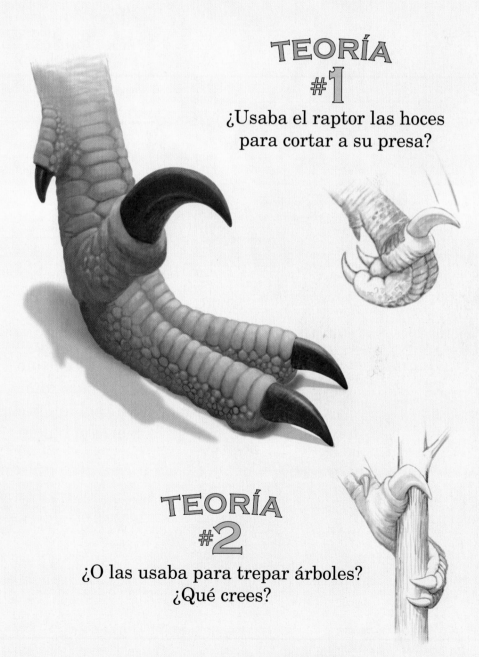

TEORÍA #1

¿Usaba el raptor las hoces para cortar a su presa?

TEORÍA #2

¿O las usaba para trepar árboles? ¿Qué crees?

LOS BRAZOS DEL T. REX

Los pequeños brazos del T. rex parecen casi inútiles. ¿Qué podía hacer con ellos? El T. rex solo tenía dos dedos en cada mano. En un juego de fútbol americano, al T. rex se le caería el balón.

LOS BRAZOS DEL RAPTOR

DATO A MANO

La gente tiene uñas en los dedos. Los dinosaurios tenían garras. Las manos de un raptor tenían garras enormes.

DATO ASQUEROSO

Las manos y los brazos de un raptor parecen perfectos para un dinosaurio que es un cazador agresivo: rápidos, largos y fuertes. Un raptor podía desgarrar a su presa con facilidad.

Los raptores tenían tres dedos en cada mano. El del medio era el más largo, y el primero el más corto.

COLA DEL
TYRANNOSAURUS REX

DATO INTERESANTE

*El T. rex caminaba en dos
patas. La cola equilibraba su
cuerpo y su enorme cabeza.*

El T. rex usaba la cola para el equilibrio, pero es posible
que la haya usado también como arma. No debió ser
muy divertido ser golpeado por esa cola.

COLA DEL VELOCIRAPTOR

COLAS DE DINOSAURIOS

ANKYLOSAURIO

GARROTE

POLACANTHUS

DENTADA

ESTEGOSAURIO

CON PÚAS

Algunos expertos en dinosaurios ahora piensan que la cola del raptor puede haber sido recta y rígida.

¿POR QUÉ MURIERON LOS DINO

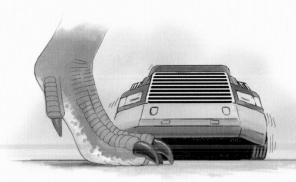

No miraban en ambas direcciones al cruzar la calle.

Texteaban mientras manejaban.

Demasiadas acrobacias en la patineta.

S A U R I O S ?

El exceso de
videojuegos les
volvió papilla
el cerebro.

Les gustaba trepar
a los árboles pero no
sabían bajarse.

Extraterrestres de otras
galaxias vinieron a cazar
a la Tierra y acabaron
con los dinosaurios.

TEORÍAS CIENTÍFICAS ACERCA DE LA EXTINCIÓN DE LOS DINOSAURIOS

Colisión de un asteroide

Un meteoro gigante chocó con la Tierra y cambió el clima.

Aumento de animales pequeños

Animales pequeños y furtivos empezaron a comerse los huevos de los dinosaurios antes de que las crías rompieran el cascarón.

Desequilibrio en la cadena alimenticia

Los dinosaurios más grandes no encontraban suficiente comida y empezaron a comerse entre sí.

Intensa actividad volcánica

Tanto polvo y cenizas fueron expelidos al aire que la luz del sol quedó bloqueada y las plantas murieron. Los herbívoros no tenían suficiente comida. Por último, los carnívoros se quedaron sin herbívoros que comer.

La Era de Hielo
La Tierra se enfrió mucho.

Enfermedades
Nuevas infecciones, resfriados y virus atacaron a los dinosaurios.

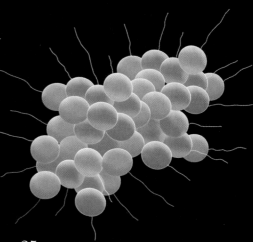

¿Qué pasaría si un T. rex luchara con un raptor? ¿Quién crees que ganaría?

Aquí viene el T. rex a enfrentarse a un raptor. No es una lucha justa. El T. rex es mucho más grande. Pero el raptor no parece tener miedo. No huye. Debe de tener un arma secreta.

Cuando el T. rex está a punto de atacar, el raptor da un voltereta. El raptor desgarra al T. rex con sus hoces. El T. rex, enojado, corcovea y lanza al raptor al aire.

DATO INTERESANTE

El raptor medía 3 o 4 pies. ¡No más alto que un niño de tercer grado!

El raptor se levanta y salta sobre la cola del
T. rex. Corta otra vez al T. rex pero este lo
vuelve a tumbar al suelo.

El raptor empieza a emitir un chillido. El T. rex se abalanza contra el dinosaurio pequeño. Esta vez, el T. rex está harto. "¡Chiii, chiii!", grita el raptor.

El raptor transmite un mensaje y una manada de raptores viene a ayudarlo. El T. rex aplasta a uno y lo desgarra con los dientes. Pero ahora el T. rex está en problemas.

Lo que parecía una pelea fácil se ha convertido en una batalla por la supervivencia. Uno, dos e incluso tres raptores no son un problema. Pero, ¿más de diez?

La manada de raptores corta y desgarra la piel del T. rex. ¡Se acabó! El T. rex se desploma. No tiene sentido luchar contra una manada de raptores.

Si fuera una pelea uno a uno, el enorme T. rex hubiera vencido al raptor con facilidad. Pero la naturaleza no siempre ofrece una pelea limpia.

¿QUIÉN LLEVA LA VENTAJA?

TYRANNOSAURUS REX

VELOCIRAPTOR

TYRANNOSAURUS REX		VELOCIRAPTOR
☐	Tamaño	☐
☐	Garras	☐
☐	Velocidad	☐
☐	Dientes	☐
☐	Anda en manada	☐
☐	Cola	☐
☐	Fuerza	☐

Nota del autor: Esta es una manera en que pudo haber terminado la batalla. ¿Cómo la terminarías tú?